Getting Ready

Ming Tan

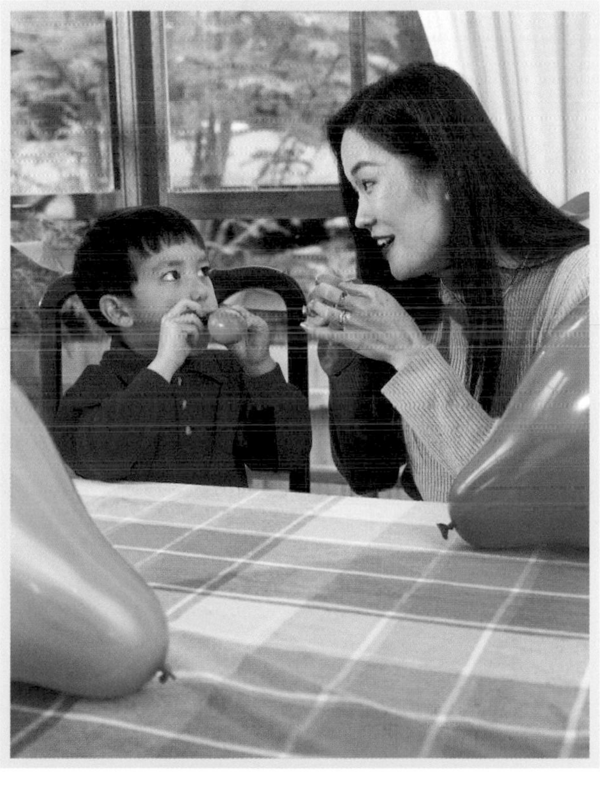

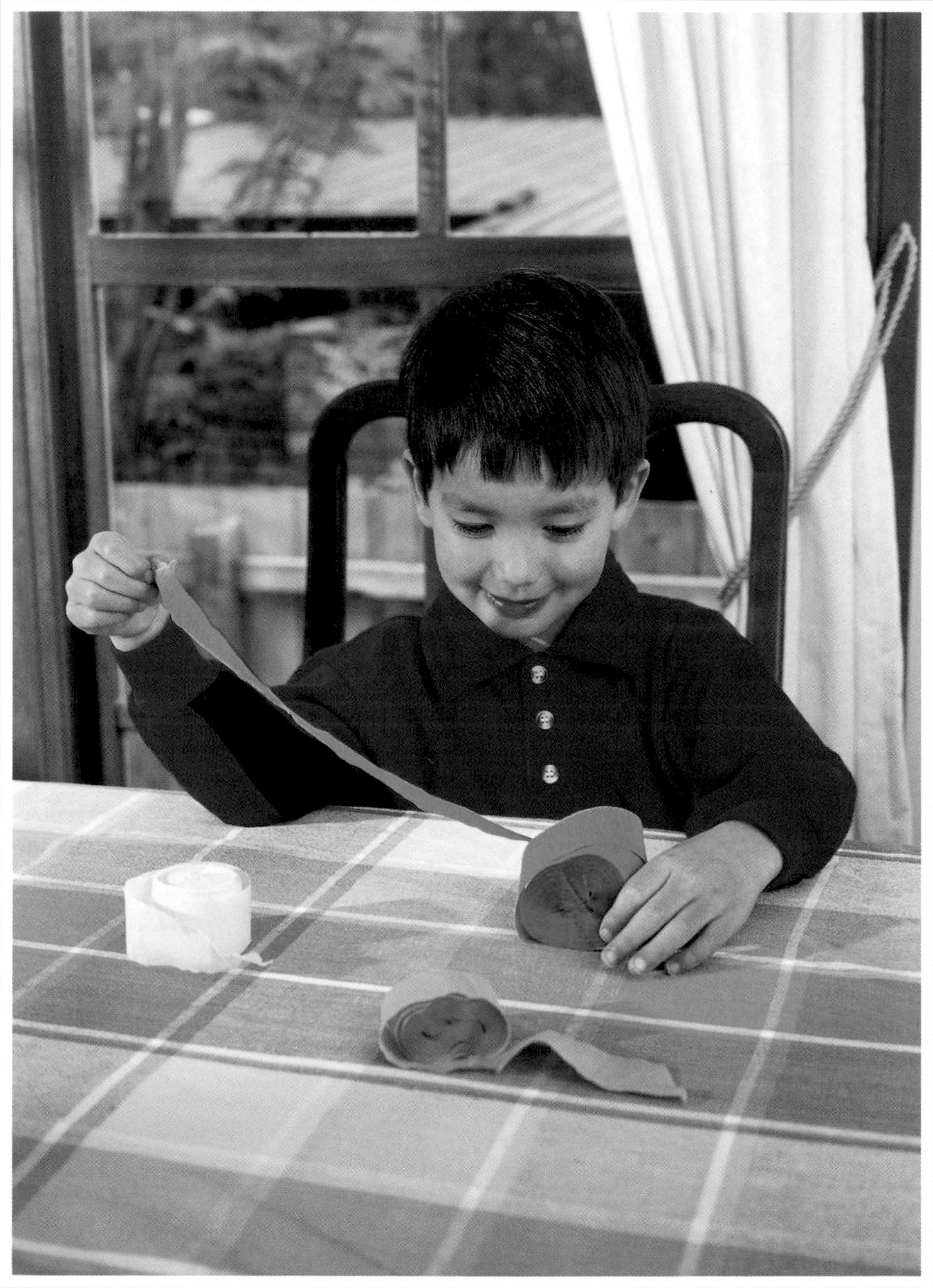

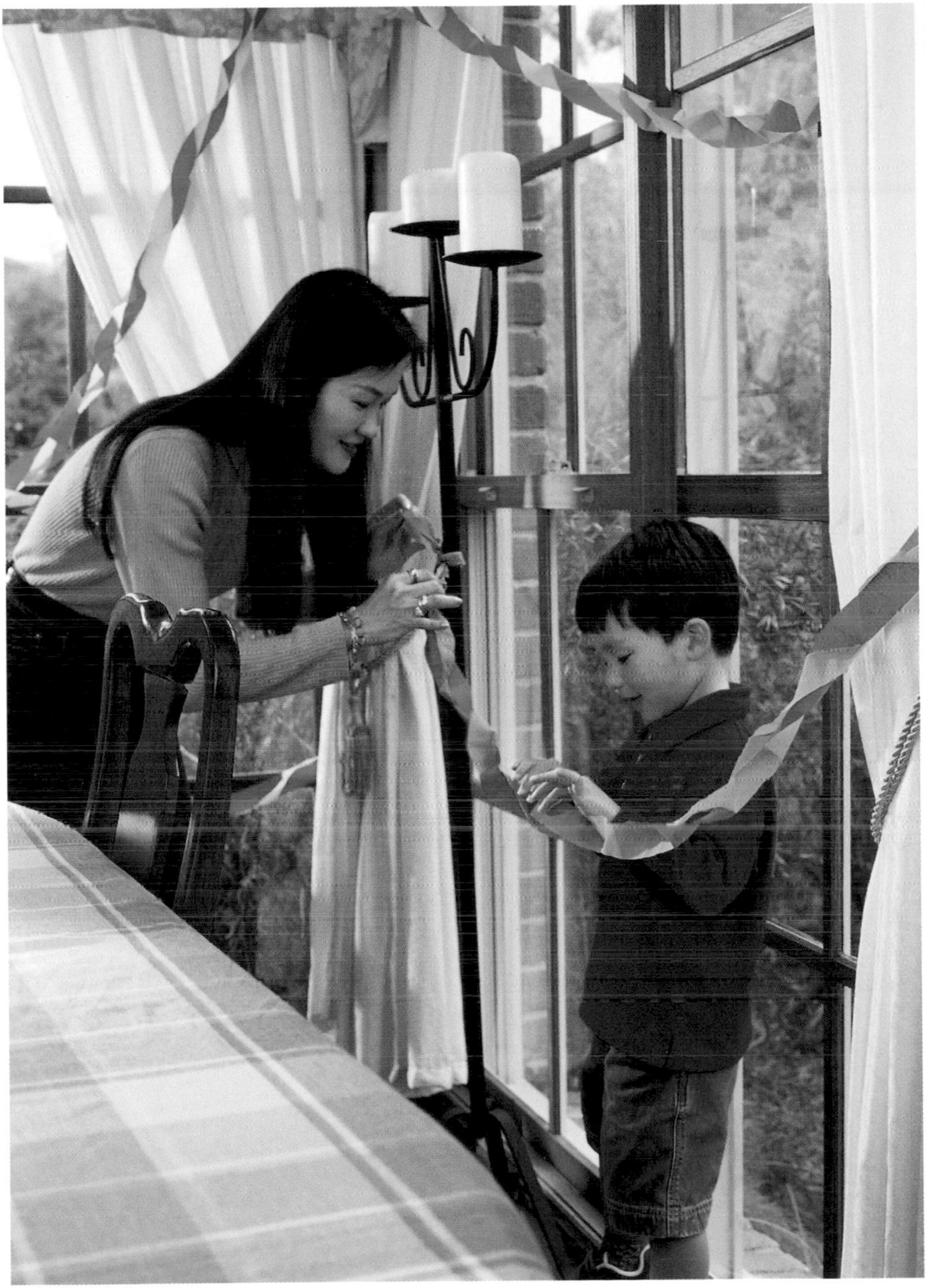

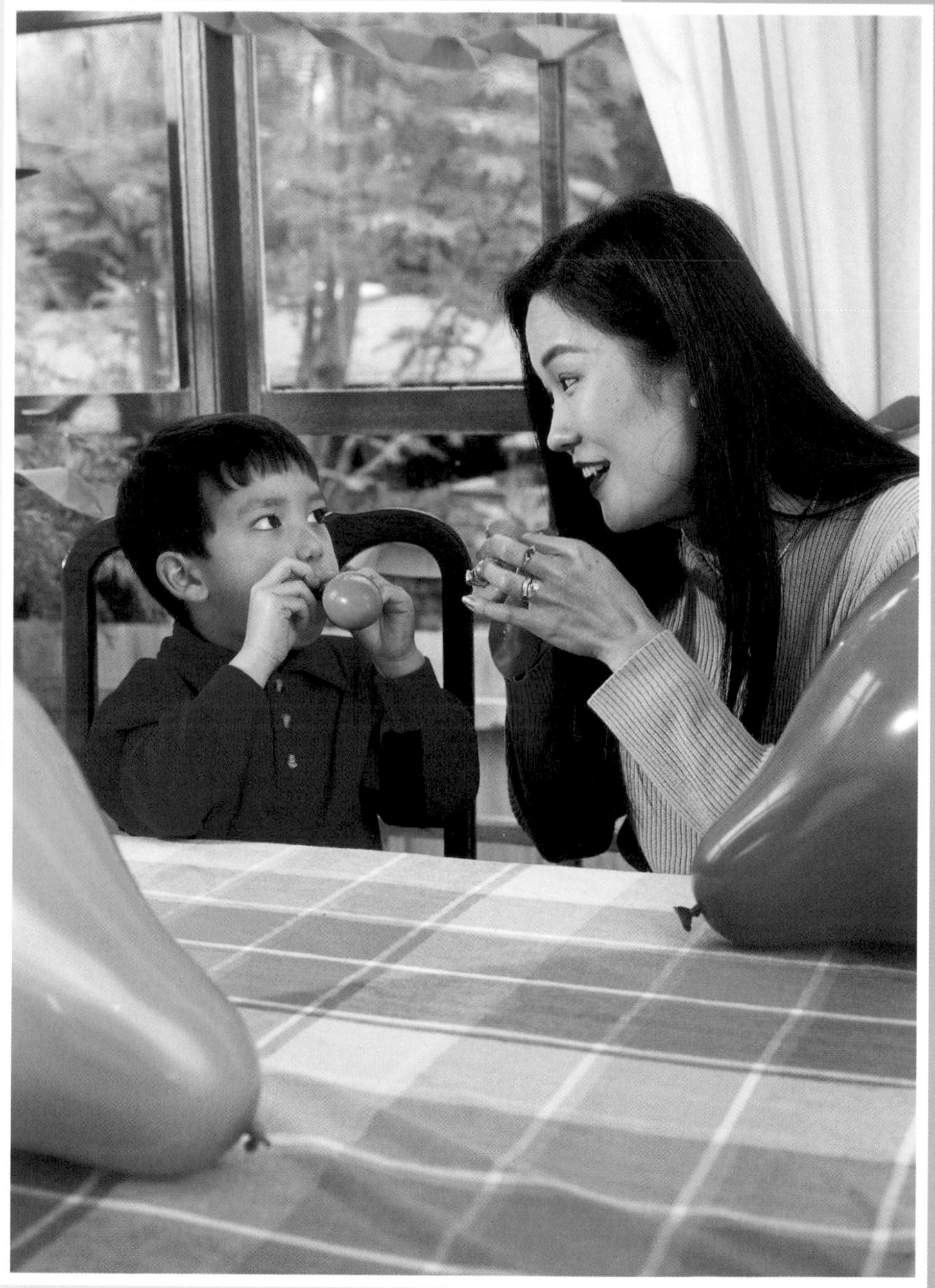

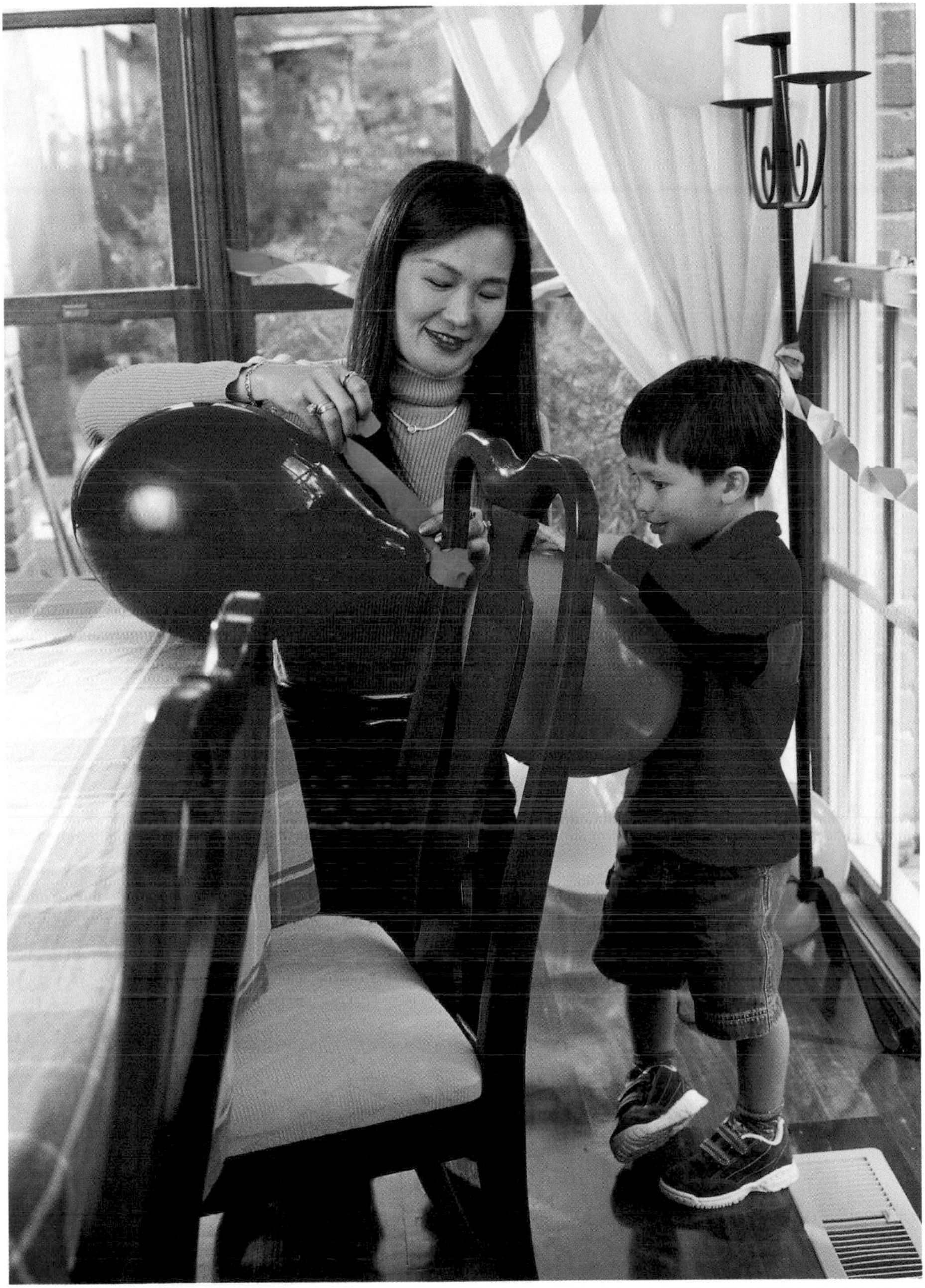

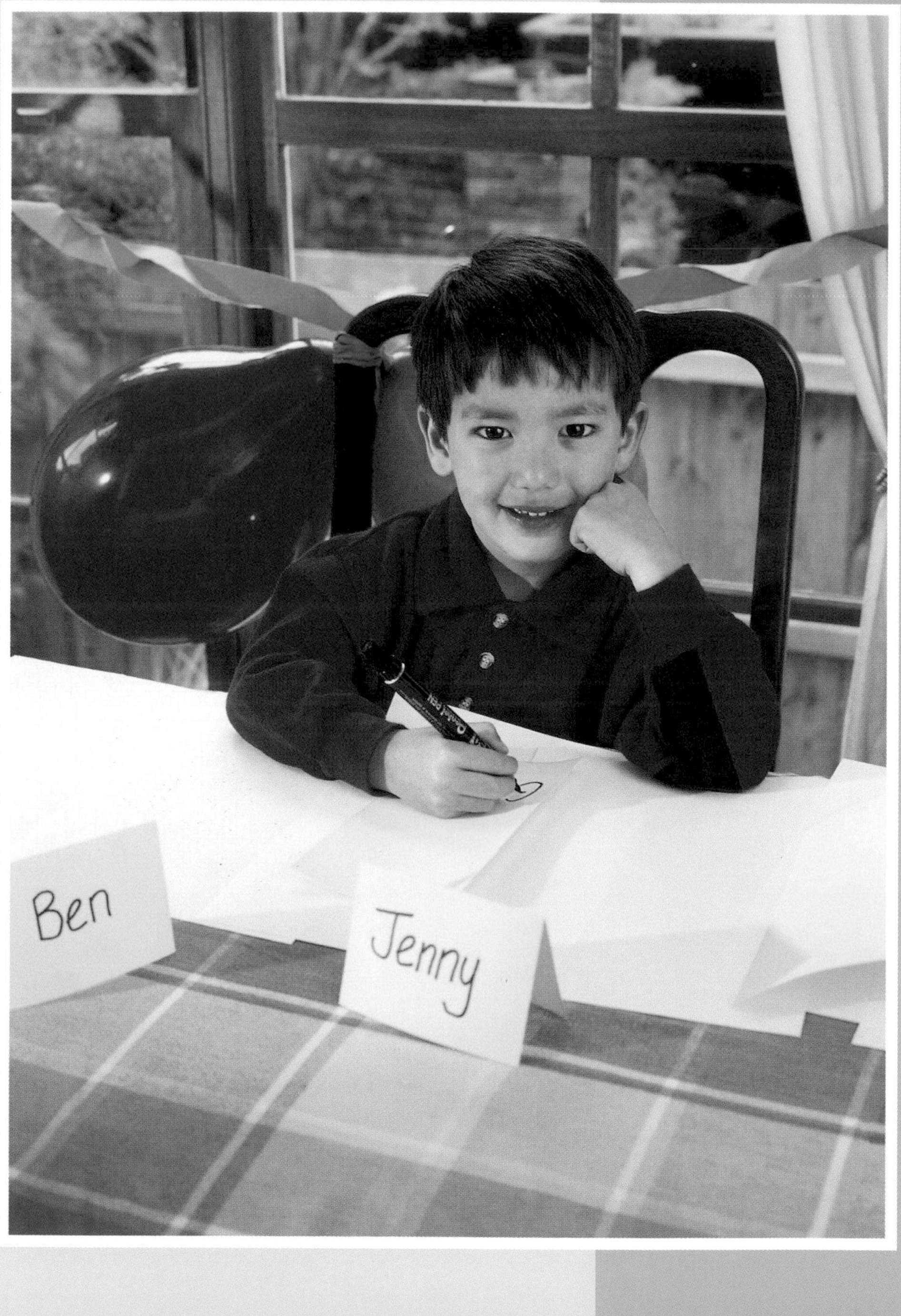
Ben
Jenny

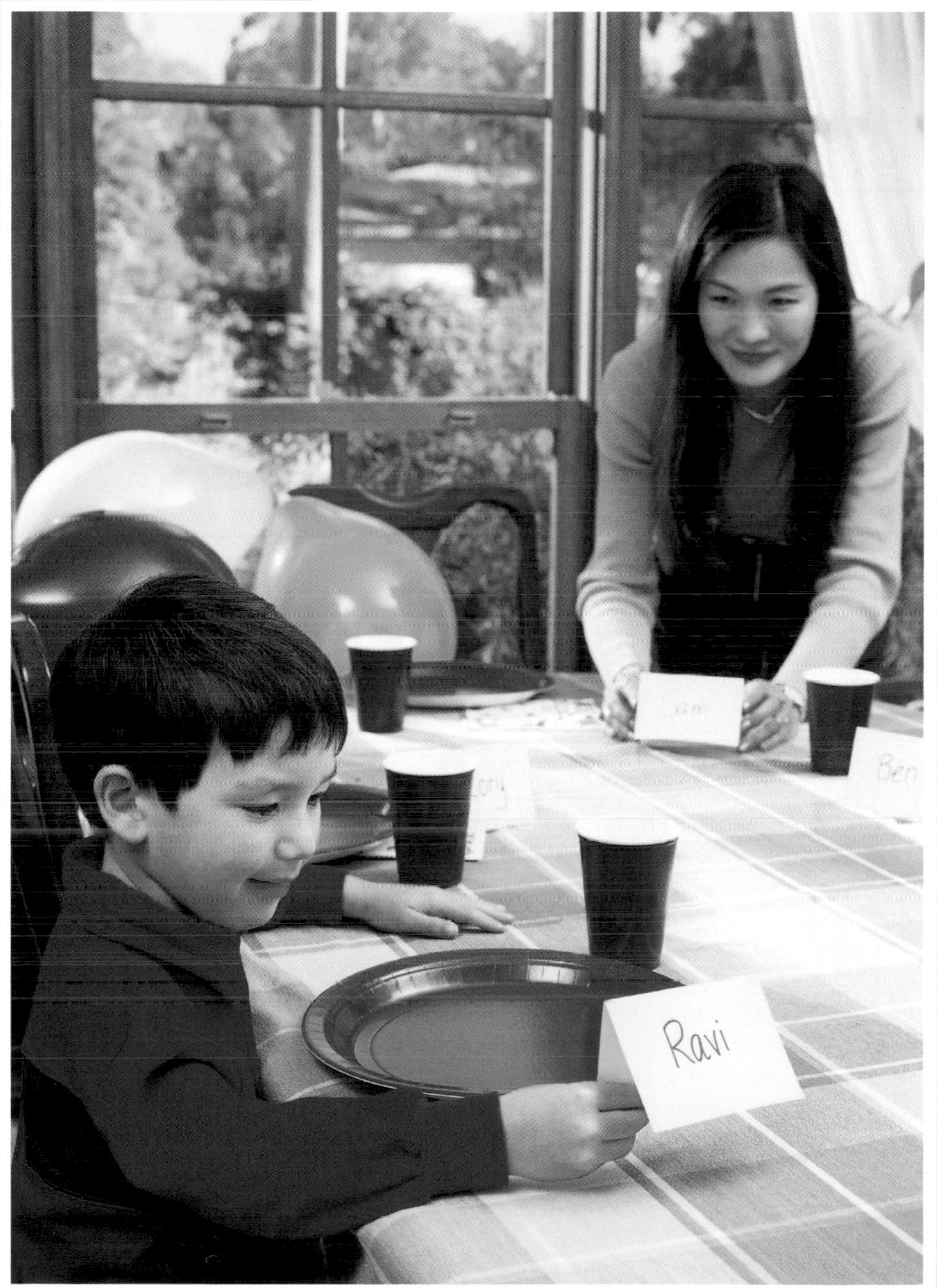
Ravi
Ben

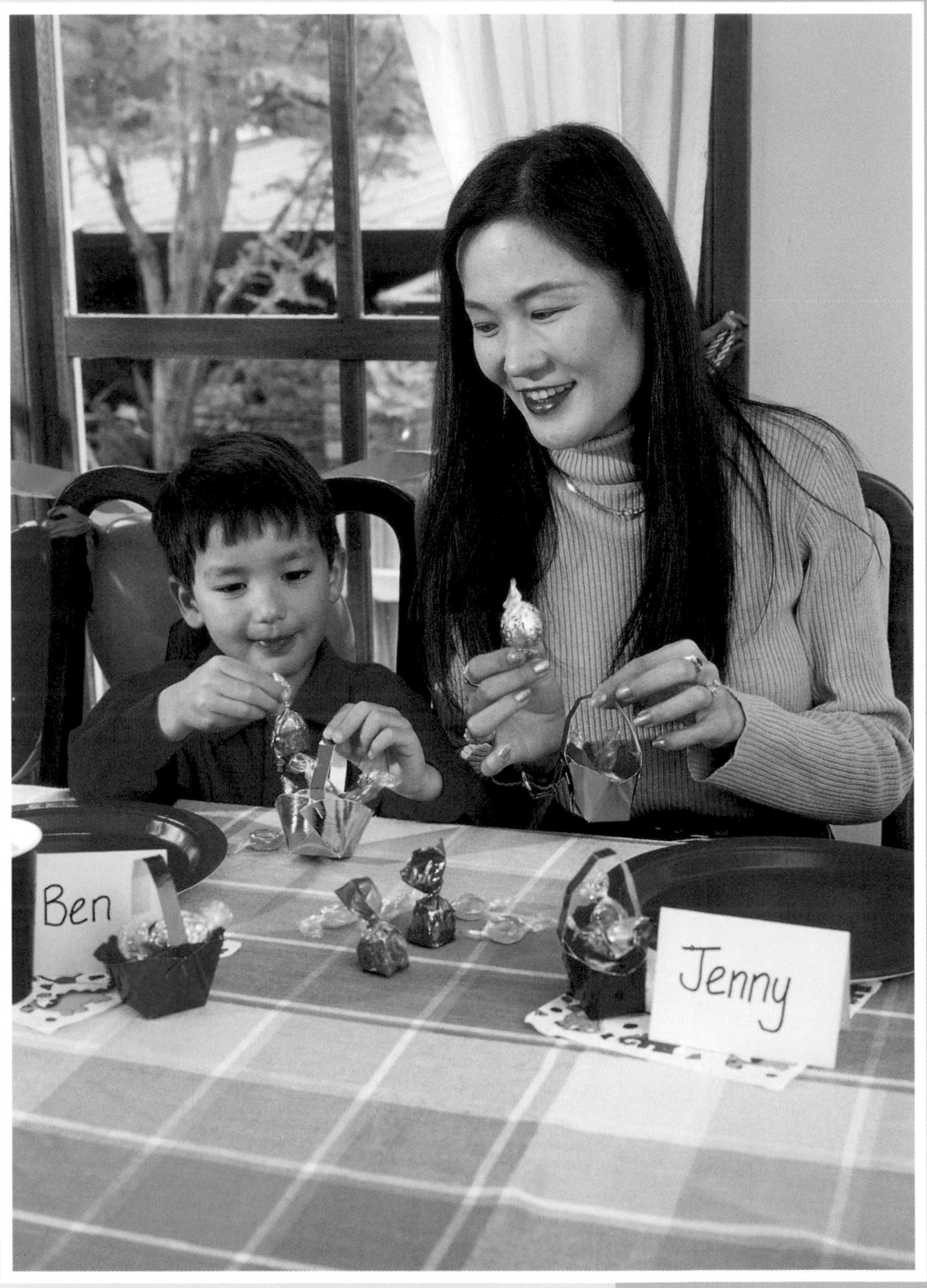
Ben
Jenny

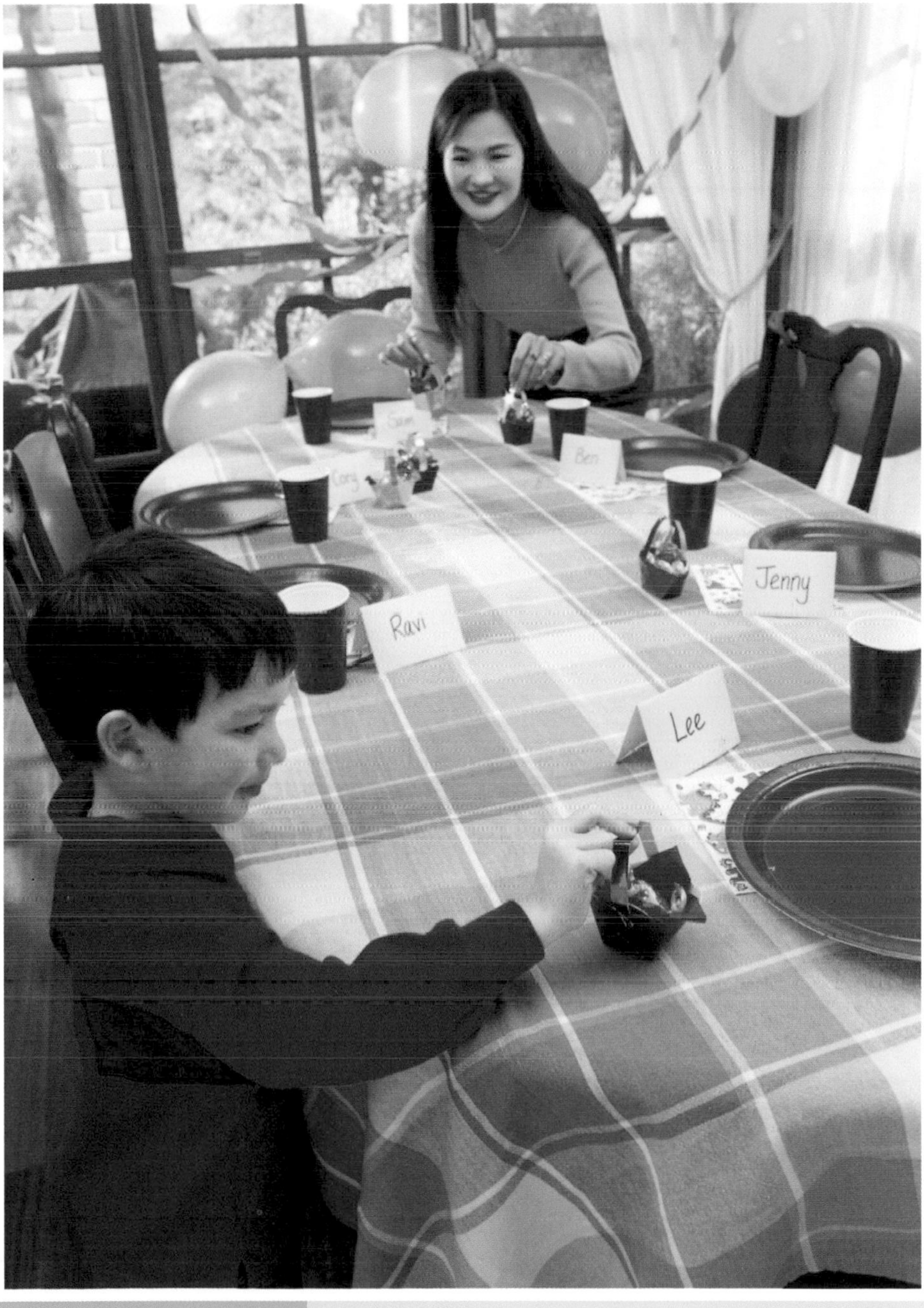
Sam
Ben
Cory
Jenny
Ravi
Lee

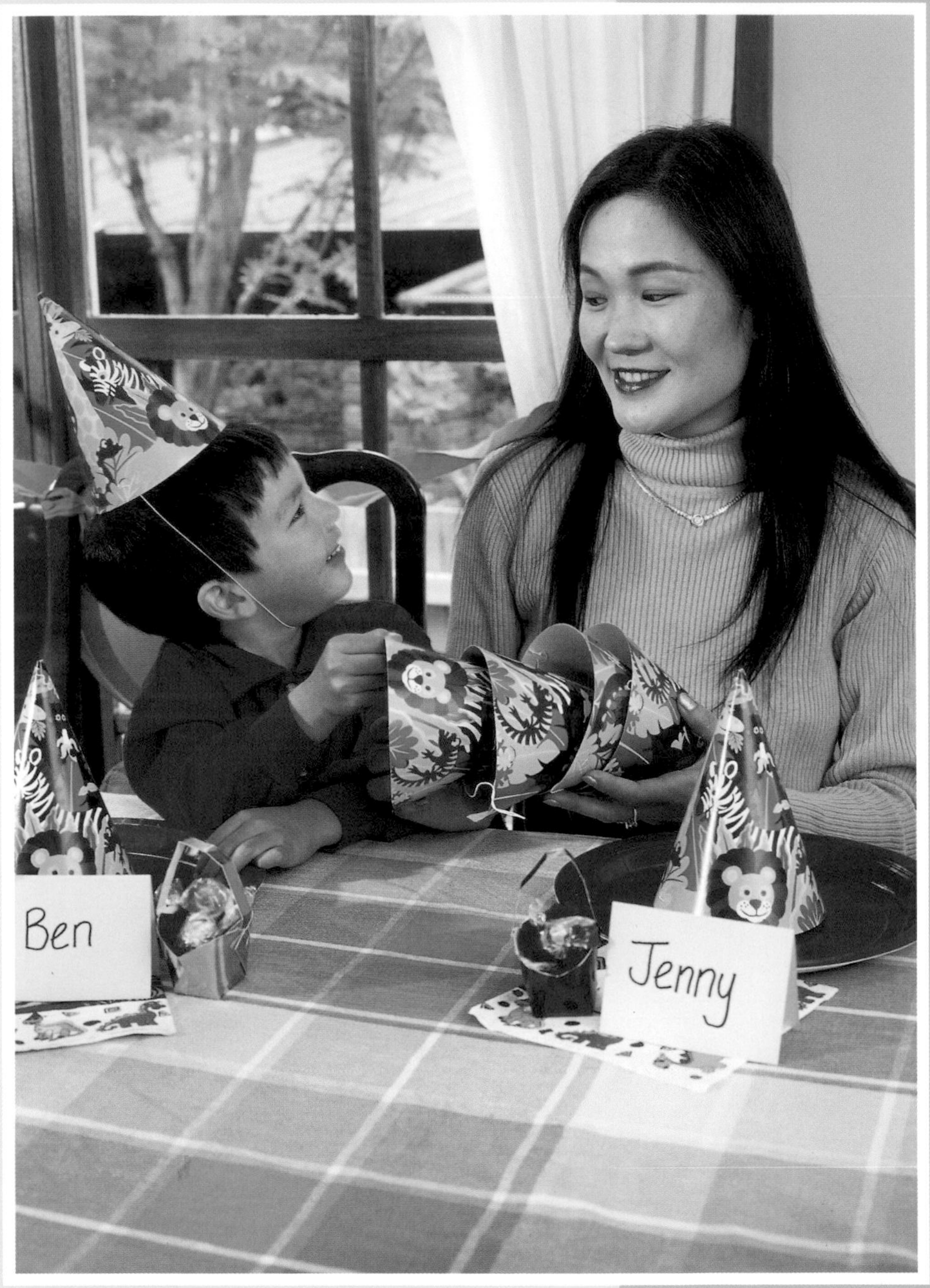
Ben
Jenny

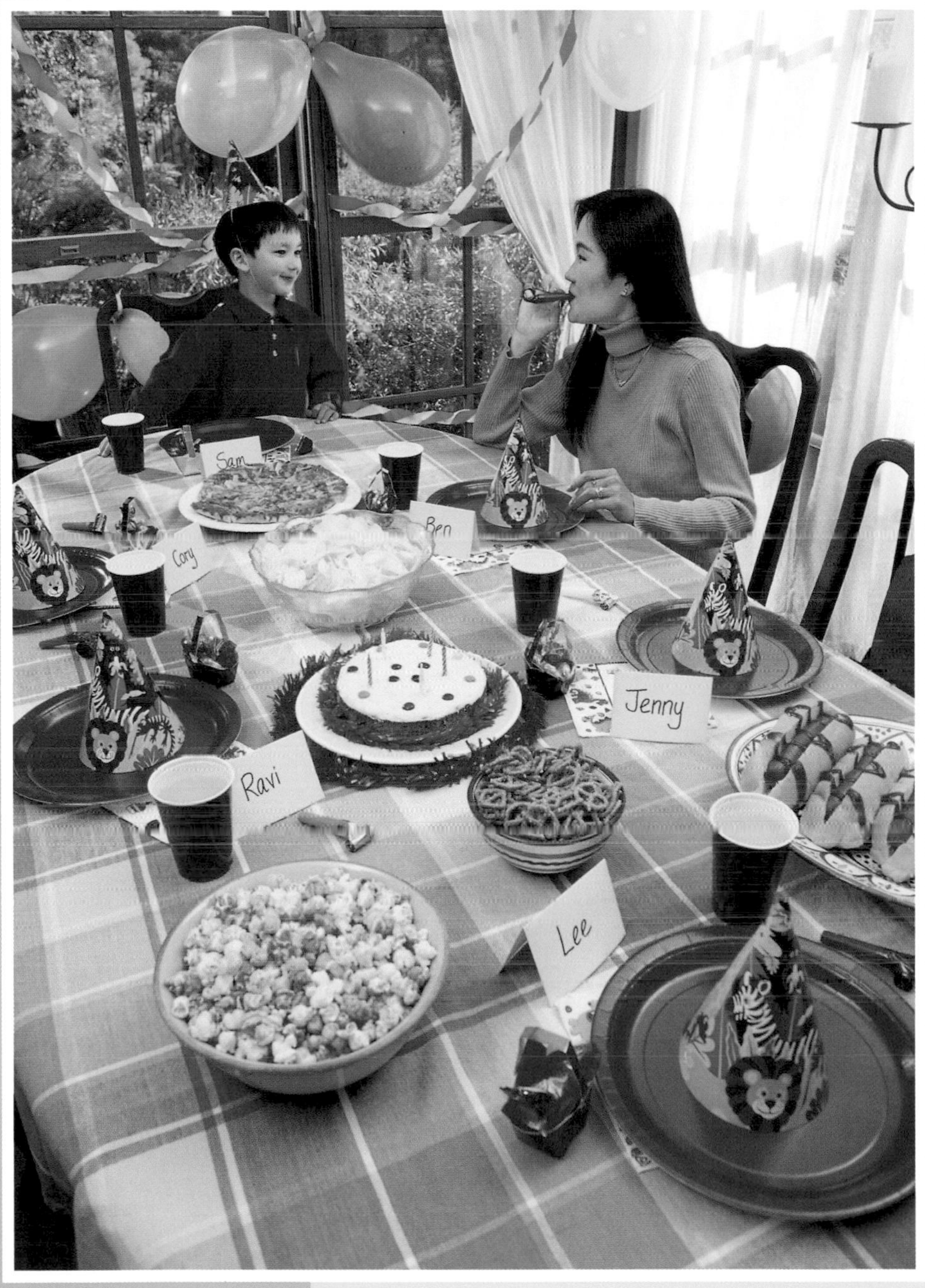
Sam
Ben
Cory
Jenny
Ravi
Lee

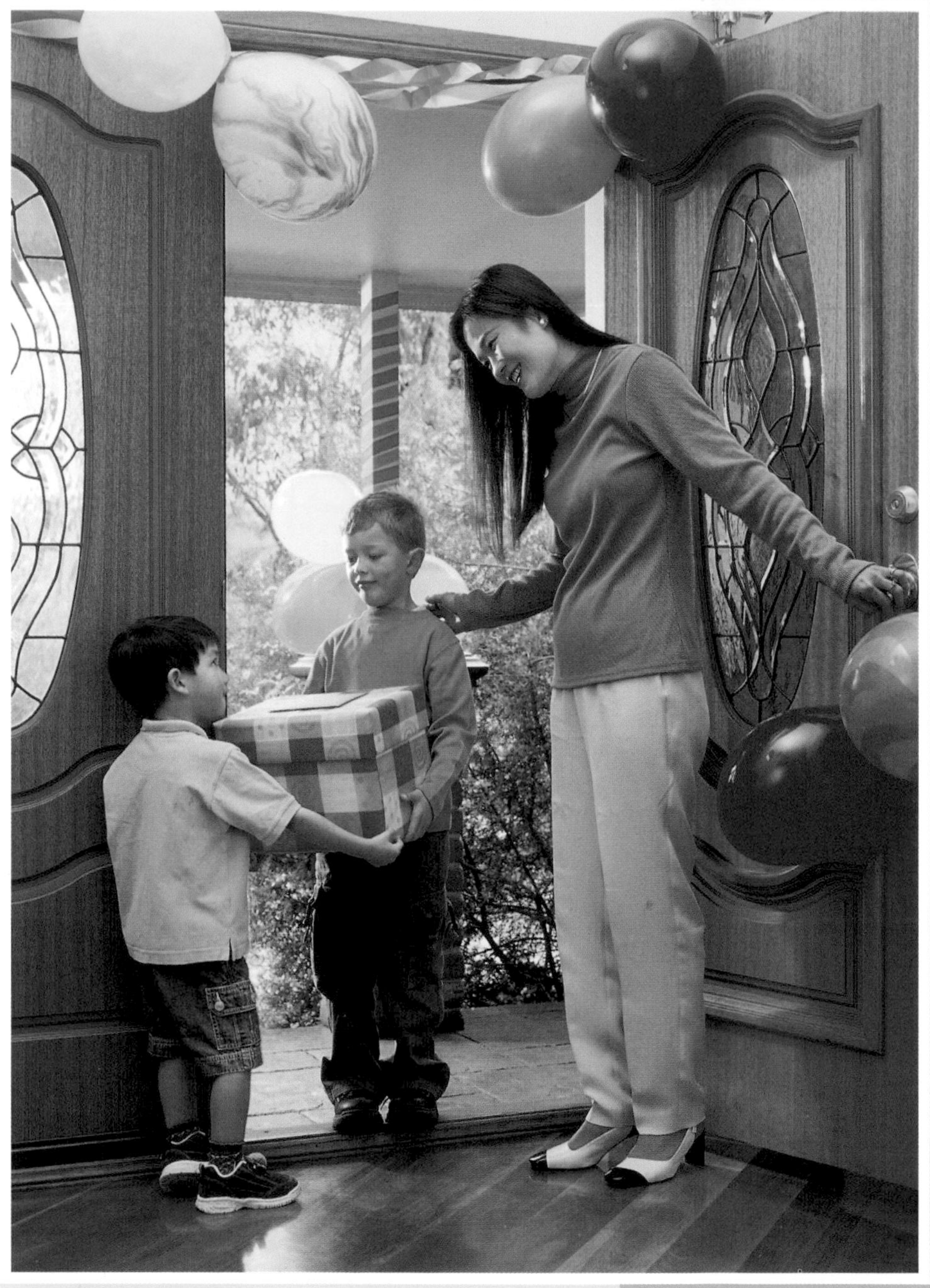